Niccolò Minato

Themistocles in Persien gesungen vorgestellt

Mit der Musik zu den Tänzen des Andre Antoni Schmelzer

Niccolò Minato

Themistocles in Persien gesungen vorgestellt
Mit der Musik zu den Tänzen des Andre Antoni Schmelzer

ISBN/EAN: 9783744635592

Hergestellt in Europa, USA, Kanada, Australien, Japan

Cover: Foto ©Thomas Meinert / pixelio.de

Weitere Bücher finden Sie auf **www.hansebooks.com**

Temistocles
In Persien.
An dem Geburts-Tag
Der Röm: Kays: Mayest:
LEOPOLD
Deß Ersten/
Auff Allergnädigisten Befelch
Ihrer Mayestätt/ Der Regierenden
Röm: Kayserin/
ELEONORA MAGDALENA THERESIA
Gesungener vorgestellt.
In die Music gesezt
Durch Herrn Antoni Dragi / der verwittibten
Kayserl: Mayest: Capellmeistern.
Mit der Music zu den Dänzen / Herrn Andre Antoni Schmelzer von Ehrenruef / der Röm: Kayserl: Mayest. Cammer-Musici.

Gedruckt zu Wienn / bey Johann Christoph Cosmerovio/
Röm: Kays: Mayest. Hoff-Buchdrucker / 1681.

Allerdurchleuchtigst: Großmächtigste Römische Kayserin/ auch zu Hungarn vnd Böhaimb Königin / Ertzherzogin zu Oesterreich / gebohrne Herzogin zu Neuburg / ꝛc.

Allergnädigste Frau Frau.

ES erneuert anheut die Welt ihre Freude in dem Angedencken deß beglicktisten Geburts-Tag Eurer Kayserl. Mayest. Allergroßmächtigsten Gemahels / vnd meine Feder erneuert den vnterthänigsten Gehorsam in Befrolockung desselben. Dises ist ein alljähriger Befehl Eurer Kayserl. Mayest. der mich beglickseeliget / vnnd dise höchste Gnad zu wünschen veranlasset / daß ich denselbigē mit solcher Genugthuung nachzukommen vermöchte / als ich Ruhm vnd Ehr davon erlange; weilen ich aber jederzeit in meiner Schwachheit verbleibe / habe ich auff das

 mindiste

mindiste den Trost meiner vnterthänigist laistender Dienste / vnd darüber empfahenden Bemitlendung hierauß zu schöpffen. Es geruhe demnach Eur Kayserl. Mayest. vilmehr auff mein Hertz / als meine Feder ein allergnädigistes Absehen zu machen. Dann so in diser die Musen erkalten / so brinnet doch in jenem das eyffrige Verlangen der Kayserl. Glückseeligkeit. Es erlebe die Jahr deß Fenix Dero Allerdurchleuchtigister Gemahl / vnd Eur Kays: Mayest: vergesellschaffte ihn stets zur Beewigung seines glorreichisten Ertzstammen / vnd zur Erweiterung der Kayserl. vnd Königl. Cronen. Es zerreissen die Waffen seines Adlers die Hertzen der Titien / vnd gleichwie dise die Sonne kan ansehen ohne sich zuverblenden / also sehe er den Mond nicht an ohne ihn zuverfinstern. Der Himmel erhöre meine Wünsch / vnd Eur Kays: Mayest. nehmen dise meine aller vnterthänigste Dienste in allergnädigsten Kayserl. Hulden auff. Zu denen mich fußfallend empfehle.

Eur Kayserl. Mayest.

Neustatt / den 9. Brachmonats 1681.

Allervnterthänigst gehorsamster
Nicola Minato.

Innhalt diser Vorstellung/ als vil die Geschicht bezeiget.

TEmistocles ware ein allerstreitbahrister Feldherr der Athenienser/ und erhielte für sie stattliche Sig / absonderlich wider Xerxen der Persier König / welcher mit einem fast unzahlbahren Kriegsheer Griechenland überschwemmet. Als er hernachmahls / wiewohlen unschuldig / in den Argwohn einer Verrätherey gefallen / ist er erstlichen auß Athen / so dann auß gantz Griechenland verbannet worden. Disem nach nahme er verzweiffleter Weiß die Zuflucht zu seinen Feind den König Xerxes / von welchem er auch gnädig empfangen / beschützet / mit dreyen Stätten beschencket / und mit einer Gemahlin von hohem Geschlecht begabet worden. Uber eine Zeit entschlosse sich Xerxes Griechenland auff das neue zubestreiten / und erkiste Temistoclen zu den Befehlshaber seiner Waffen. Er aber beredte Xerxen zu einen Eydschwur / daß er ohne seiner Griechenland nicht bekriegen wolte / dranckę darauff bey einem Gözen-Dienst das Blut von einem Wald-Ochsen / unnd brachte sich also selbst umb das Leben. Dergestalten hat Xerxes/von dem Eydschwur verpflichtet / die Waffen wider Griechenland nicht ergreiffen können / und Temistocles hat

Beyspil einer / seinem wiewohl vn=
Vatterland / Pflichtschuldiger Treue

...ird wahrscheinig ersinnet.

...erxes Cleomiren eine Tochter seines ...fherzn Arbastens geliebet / sie aber in ...rachtung ihres vngleichen Stands / ...hlet zu werden / in seine Lieb nicht ein= ... jedannoch auch sich gegen ihme nicht ...zeigt habe.

...istocles / als er zu Xerxen wolte / in ...chgang eines Gartens der Cleomira ...e alsobald ob seiner ein Wohlgefallen ... vnd nach gehabten Bericht seiner Zu= ...it ihren Brieffen dem Xerxes be= ...fohlen habe.

...xes Temistoclen so wohl in Ansehen ...dhafften Verdienste / als der Cleomi= ...e eingelegter Bittschreiben gnädig ... reichlich beschencket / vnd ihrem Vat= ...nvertrauet habe / ihne vor der Fein= ...ingen zubeschůzen.

...Athen ein Brieff ohne Unterschrifft ...welchem erdichtet wird / daß Temi= ...inn hätte Arbasten zu entädern. Daß ...n Warnungs=Brieff zwar vor eine ...nachlist halte / Temistoclen auß sei= ...ringen / jedannoch aber vnterschid= ...nende Gedancken hierauß schöpffe.

Vnter=

Unterredende Persohnen.

Temistocles.
Xerxes / König in Persien.
Cleomira.
Arbaste ihr Vatter.
Artamida.
Osmondo.
Belira ein Bedinter deß Temistocles.
Altima eine Freyle der Cleomira.
Zwey Persische Priester.
Persische Hoffherrn.
Bediente deß Xerxes.
Bediente deß Arbaste.
Hoff-Damen der Cleomira.
Bözen-Diener.

Verenderungen der Schau-Bühne.

Königliche Zimmer.

Saal mit vnterschidenen Zimmern.

Zimmer deß Xerxes.

Zimmer deß Temistocles.

Tempel in Persien der Sonne gewidmet.

Zur Beurlaubung.

Die Elisische Felder.

Diese Verenderungen seyn abermahlige allerkunstreichiste Erfindungen deß Kayserl. Truchses vnd Ingenieurs Herrn Ludwigen Burnacini.

Dänze.

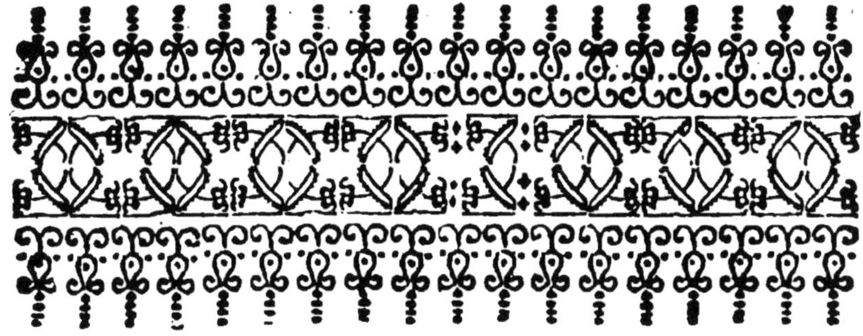

Dänze.

Von Persianischen Dienstmägden.
Von einheimischen Geistern.
Von beglickten Seelen in Elisischen Feldern.

Dise Dänz seyn annehmliche Ersinnungen deß Kayserl. Danzmeisters Herrn Dominicus Ventura.

Zumercken.

Daß dise zwey Zeichen ( ) solche Reden in sich schliessen / welche nur von dem Redenten allein vernommen werden.

Erste

I.

Erste Handlung.

Königliche Zimmer.

Erster Eintrit.

Xerxes.

WAs ein Spitz / O GOtt deß Scherzen/
Deine Pfeil nicht haben müssen?
Es dringt alsobald zum Herzen/
Wann zwey schöne Augen schiessen.

Wie geschwind / O Schüz der Götter/
Machst du deine Hiz auffgehen?
Nahe seyn beym Donner-Wetter/
Die den Bliz der Augen sehen.

Anderter Eintrit.

Arbaste / Xerxes.

Arb. Irrdischer Gott in Persien . .

Xer. Arbaste / meiner treugeheimisten hellglanzender Stern!

Arb. Ich neige mich vor deiner Königlichen Hochheit.

Xer. Was bringest / oder verlangst du?

Arb Nun erbiettet mir das Glück ein ansehentliches Vermähl-Band für meine einzige Tochter Cleomira / erlaube / O Herr / daß ich es annehme.

Xer. Ich habe mich ja hiebevor schon erkläret / daß ich vor ihre Vermählung die Sorg tragen werde.

Arb. Ich weiß es. Erstatte dir auch dißwegen in tieffister Unterthänigkeit demüthigen Danck. Aber Herr . .

Xer. Was?

Arb. Meine Jahr fliehen dahin.

Xer. Ich werde es nicht saumen.

Arb. Herr / villeicht ist diser Gesponß / der sich nun anerbietet / nach deinem Begehren.

Xer. (Diser quälet mich) ich will nichts von ihm hören.

Arb. Die Jahr Cleomiren erfordern schon einen Mann / vnd ich wüste ihr in Warheit keine edlere Bräutfackl zuentzünden.

Xer. Du bringest mir was überlästiges daher.

Arb. (Nun glaube ich fürwar dem Argwohn mehr vnnd mehr.)

Xer. Uberlasse mir auff Cleomira zugedencken / du aber befleisse dich auff Temistoclen den Athenienser Sorge zu tragen. Athen sein vndanckbahres Vatterland / für welches er so vil Sige erobert / ja mich selbsten geschlagen vnd überwunden hat / verbante ihn auß vnbegrünten Innzichten in das Elend / er nahme seine Zuflucht zu mir / als seinen durch ihne von dem Griechischen Meer-Hafen weckgeschlagenen Feinde / ich nahme ihn auff / vnd belieb ihn von Herzen. Dir habe ich aufferlegt ihne vor der Griechen Nachstellungen zubeschüzen / zumahlen mir sehr vil daran gelegen / daß er seines Heyls vnd allzeitiger Sicherheit lebe vergwist. So gar bey einem Feind die Tugend Ruhmbar ist.

Arb. Arbaste trachtet nach nichts anders / als seines Königs Befehl in das Werck zustellen.

Xer.

Xer. Und ich werde für Cleomira einen Gemahl erwehlen.

Arb. Ich hoff / es seye
Für meine Treue
Diß Glück der Lohne.
(Ach ich argwohne!)

Auff diß Vertrauen
Hoff ich zu bauen
All meine Freude.
(Argwohn ich leyde.)

Xer. Aber Temistocles kommet.

Driter Eintrit.

Temistocles / Xerxes / Arbaste.

Tem. GRosser König / nimmermehr wird der allfressende Zeiten-Gott mit so weiten Schritten vor sich gehen / daß ihn nicht das Unsterbliche Angedencken meiner tragenden Schuld-Pflichten überschreite.

Xer. Ich habe wenig vor dich gethan.

Tem. Beduncket dir wenig zu seyn / daß du deinen Feind / der deine Kriegs-Schaaren in die Flucht geschlagen / den sein undanckbahres Vatterland in das Elend verstossen / wiewohlen deiner Gnaden gantz unwürdig / jedannoch mit willfähriger Empfahung ergezet.

Xer. Deine Treu verdienet es / welche du in meine Hoheit gesezet.

Tem. Keinem mindern als deinem großmütigsten Herzen wäre es angestanden jenes Sigs zuvergessen / welchen meine Waffen wider die deinige in Griechen verschafft.

Xer. Dort hat das Glück gewürckt / diß ist der Tugend Krafft.

Tem. Gar selten findet man so eine Seele / die in so edlem Beginnen fortwandlet.

Xer. Kein König ist / der nicht stets wie ein König handlet. Gehet weck.

Tem. Dises beschweret mich/Arbaste / daß ich dich jederzeit von der bewarsahmen Auffsicht mich vor der Griechen Arglist zubeschüzen gequält sehe.

Arb. Der König befilcht / und du verdienest es/ also billich/ daß es geschehe.

Tem.

Nicht stets wird das Glicke
Ja seyn wider mich/
Dann weil ihr Rad
Kein Hafft nicht hat/
So wird es wenden sich.

Es halt ja das Glicke
Fast niemahlen Stich/
Und weil ihr Rad
Kein Hafft nicht hat/
So wird es wenden sich.

Gehet weck.

Vierter Eintrit.

Arbaste / seiner Bedienten einer.

Arb. DEr Beschüzer Athens / das Schild deß Griechenlands also gefallen! Aber eine unrechtmässig zugefügte Unbild verfinstert den Tugend-Glanz nicht. Der Mensch hat keine Schuld an dem / was's Glick zuricht.

Dien. Herr! mit den Griechischen Kauffmans-Schiffen ist dises an dich geschribene Blat angelanget.

Arb. An mich? wer hat dirs gegeben?

Dien.

Dien. Ein Griechischer Schiffmann.
Arb. Wer hat es gesendet?
Dien. Eine unbekante Persohn / hat er vermeldet.
Arbaste eröffnet den Brieff und liset:

" Temistocles unter den Waffen gebohren trachtet nach
" deinem Leben. Seine Lands-Verbannung ist nur
" ein hergesuchter Vorwand / nun daß Griechenlands
" Waffen in dem Müssiggang ruhen / dises allhier
" Werckstellig zu machen. Seye behutsam Arbaste /
" vor dein Leben zu wachen.

Verwirret sich hierob / und entlasset den Diener.

Arb. Gehe. Was lise ich? Ach Betrieger! Kan wohl eine boßhafftere Verrätherey angespunnen werden als dise? Lands-Verbannung vorwenden? In Persien die Zuflucht nehmen / bloß allein mich zuentädern? und Xerxes / O selzames Unstern / erwählet mich noch darzu ihn zuverwachen? auff meinen Nachsteller behutsasame Sorge zu tragen? Wer kunte sich jemahls über ein verbittertes Unglück beklagen? Ich gehe hiemit zu Xerxen / ich will ihm sagen - - aber was? das Blat ist ja nicht unterschriben. Es dörfften nur sinnreiche Arglisten seiner Feinde seyn / und also wurde ich von dem König verlachet / einer schwachmüthigen Leichtglaubigkeit beschuldiget werden. Seine Lands-Verbannung ist ja bekant / wissend seyn die Zufälle so er erzehlet / und stimmet auch so ein verächtlicher Betrug seinen hochadelich Ruhmbahren Thaten nicht bey. Doch ist zu Zeiten auch das Vertrauen eine Mutter der Gefahr / und komt der offt zu Schad / der gar zu glaubig war. Was solt ich dann thun? Ihn bewahren ist eine edle Vollziehung deß pflichtschuldigen Gehorsams / mich in acht nehmen eine nothwendige Vorsicht. Zweifflen ist billig / den Zweiffel verhelen vernünfftig. Ja ja ich will beedes thun / und sehen (stehe mir der Himmel mir bey) wie daß ich thn bewahr / vnd mich versorg darbey. Gehet fort.

Saal mit vnterschidenen Zimmern.

Fünffter Eintrit.

Cleomira.

WEr dich veracht / O Liebe/
Verdienet keine Freud/
Dein Hiz von mir nicht schiebe/
Sie bringt mir gar kein Leyd.
Wer dich veracht / O Liebe/
Verdienet keine Freud.

O Lieb / wer dich verachtet/
Verdienet keine Freud/
Die Schönheit nach dir trachtet /
Du bist ihr Herzen Weyd.
O Lieb / wer dich verachtet/
Verdienet keine Freud.

Sechster Eintrit.

Artamida/ Cleomira.

Art. JCh erfreue mich ob deiner Vergnügung / liebste Cleomira / du verdienest auch in Warheit die Lieb eines Königs gar wohl.

Cle. O Artamida / ich hab was anders im Sinn.

Art. Liebet dich der König dann nicht?

Cle.

Cle. Er zeiget es wohl.

Art. Und du gehest ihm nicht entgegen?

Cle. Ja und Nein.

Art. Wie vereinbahrest du zwey so widrige Dinge?

Cle. Ja / weilen unserm Geschlecht das Schmeichlen weiß nicht was einer Eitelkeit angebohren / von einen grossen Liebhaber geehret zu seyn. Nein aber / weilen meine Verdiensten sich so weit nicht erstrecken. Die König auch nicht gleich so bald ein Lieb erwecken.

Art. Er trachtet dir zu willfahren / du hast den Griechen in seine Gnaden befohlen / er hat ihn auch seines Schuzes würdig erkoren.

Cle. Nicht alle Höffligkeit wird von der Lieb gebohren.

Art. Aber du liebest ihn nicht?

Cle. Diß zuverneinen wäre ungültig / zugestehen ein Künheit.

Art. Wie ist dann dein Herz in Fühlung diser Liebe Freud und Vergnügungen voll?

Cle. Ein jeder Mensch hat was / so er verschweigen soll.

Gehet weck.

Art. Ich förchte / daß ihr Herz den Griechen lieben woll.

Ich versteh dich / Eyfers quele /
Langsam / langsam
Mich bedrangest /
Und gelangest
Etwann billich in mein Seele.
Ich versteh dich / Eyfers quele.

Ich erkenn euch / Eyffers-Plagen /
Wenig / wenig
Ich euch fühle /
Zu eim Spile
Scheinet ihr zwar außzuschlagen /
Doch ich kenn euch / Eyfers Plagen.

Sibender Eintrit.

Osmondo / Artamida.

BJe/ach wie erfreu ich mich in Ansehung deiner holdseeligen Augen schöne Glickseeligkeit meiner Liebs-brinnenden Flammen.
Frolocke nicht allzu sehr / Osmondo.
m?
elt verendert sich / der Himmel dräht sich vm.
oll dises gesagt seyn?
anders.
bst mir Argwohn. Villeicht liebst du mich nicht

e dich.
bringest du dann in deinen Reden für ein Verß hieben?
n dem könfftigen nie kein Gewißheit sey.
rmeinst du dich zu endern?
iß?
ame / Vnbeständige / hiemit stürzest du mein eusserstes Betrüben.
man jederzeit dann bloß nur einen lieben?
st du Lieb zuwechseln?
e geschehen. Die Menschliche Neigungen en-
h mit den Tägen offt vngefehr. Gestern hat iebt / heut liebt man / morgen nicht mehr.

Gehet weck.

Mein Herze stille dich /
Es dräht vnd wendet sich
Der starcke Himmels-Bau.
Und eine schwache Frau
Soll bstendig seyn?
Diß zu hoffen geht mir nicht ein.

Mein

Mein Seele / sey erfreut/
Du siehest / daß die Zeit
Niemahls bestehen bleib/
Und ein verkehrlichs Weib
Soll bstendig seyn?
Diß zu hoffen geht mir nicht ein.

Geht davon.

Achter Eintrit.

Belira / Atima.

Bel. Also wird Temistocles können hereinkommen Cleomiren zusehen?

Ati. Auch mit ihme zu reden. Aber wenig / dann sie förchtet sich vor Arbasten / daß er si[e] nicht etwann mit jemanden reden hör.

Bel. O diß ist heut zu Tag nichts so gar grosses mehr. Als[o] soll er kommen?

Ati. Ja.

Bel. Und du erwartest seiner allhier?

Ati. Für gewiß.

Bel. Diß lasst er dir hiemit durch mich verehren. Nimm es an.

Gibt ihr eine guldene Ketten / sie stellet sich als ob sie es nicht annehmen wolte, greifft doch begierig darnach.

Ati. Ich will nicht nein / ich will nicht nein.
Ich sags voran/
Ich nims nicht an.
Bin härter als ein Stein.
Ich will nicht nein / ich will nicht nein.

Bel. (Was sagt ihr darzu? dises ist schon der Frauen ihr Gewonheit?)

ti. So man mich endlich zwinget.

el. Gewiß ja.

ti. Wisst / daß ich es gezwungener angenommen.

el. Diß sich ich.

ti. Mach daß er komme. Ich gehe der Cleomira dessen Nachricht zugeben.

el. Dises ist mir nichts neues. Dann ich erfuhr es schon öffter auff meine Treu / daß der Frauen nicht wollen nur ein Lug sey.

Atima betrachtet die guldene Ketten vnd sagt.

tt. Bist ja schön / Fürst der Metallen/
Du thust allen
Wohlgefallen.
Bist ja schön / Fürst der Metallen.

Bist ja lieb/vollkommnes Erze/
Jedem Herze
Gibst du Scherze.
Bist ja lieb / vollkommnes Erze.

Will in ein Zimmer hinein gehen / begegnet aber der Cleomira / so gleich herauß gehet / eben da Temistocles auff der andern seiten ankommet.

Neunter Eintrit.

Temistocles / Cleomira / Atima / vnd Belira / so weckgehen / hernach Arbaste so darzu kommet.

Tem. Cleomira?

Cle. Temistocles?

Tem. Darff ich dich mein Herz nennen?

Cle.

Cle. Ist mir erlaubt dich meine Gottheit zu heissen?

Tem. Liebst du mich?

Cle. Stimmet deine vnd meine Neigung zusammen?

Beede Du bist mein Liebes-Brunst / du bist mein Flammen

Tem. Habe ich so einen gnädigen Himmel?

Cle. Habe ich so ein huldreiches Geschicke?

Beede Du bist mein liebste Freud / du bist mein Glicke.

Cle. Den Augenblick / daß ich dich gesehen / habe ich dich geliebet.

Tem. Das erste mahl / daß ich dein liebwehrtes Angesicht betrachtet / habe ich an dir meinen Himmel gesehen.

Cle. Ich habe immerfort vmb dich heissiste Flammen zu empfinden.

Beede Der erste Anblick war genug mich zu entzünden.

Tem. Wirst du mir getreu seyn?

Cle. Wirst du mir beständig verbleiben?

Beede
Gschwind war vnsre Lieb gegründet/
Gschwind nam mich dein Schönheit ein/
Ob ich schon gschwind war entzündet/
Wird mein Brunst doch ewig seyn.

Atima zuruck eylend. Frau / Frau / Arbaste kommet.

Cle. Ach was werden wir thun?

Tem. Hilff vns/ O vnmündige Gottheit!

Cle. Gehe da hierdurch in den Garten hinvnter. Aber ach die Thür ist verschlossen.

Tem. Unbeglickte Verhängnuß!

Cle. Bleibe allhier verborgen.

Cleomira will Temistoclen durch eine Thür in den Garten hinab lassen / weilen aber die Thür verschlossen / verbirget sie ihn vnter dem Thür-Fürhang / in dessen kommet Arbaste.

Arb. Tochter / ein hochwichtiges Geheimnuß hab ich dir zu entdecken / welches ich die Warheit zusagen / nie

 rech-

zuverstehen. Komm in den Garten / daselbst
in den kühlen Schatten herumb gehen.
l zu der Porte / vnter dero Fürhang
Temistocles verborgen ist / hinzu gehen / sie aber verhindert solches.
Herr / wir wollen hier reden.
ame /
rde ich thun?) Ich fühle gleichsam eine
.
nehme Lüffte deß freyen Himmels werden
len.
de ichs anschicken) ach was ein Unfall!
let sich / als ob sie vor Ohnmacht zur
Erden sinckte.
Diener / geschwind her da!
onter der Thür (was soll dises seyn?)
vnversehene Ohnmacht? Hola / hola!
noch verborgen (Nun habe ich Gelegenheit
gehen.) Nachdem er hinauß gangen.
as ist dein Befelch?
was sihe ich? du allhier? wo verborgen?
rborgen? Ich ware dort in den Garten / vnd
as Ruffen deiner Stimm hieher geeilet.
hte was anders)
rz erholet sich wider.
llet sich als ob sie wider zu sich selbst kä-
me.
ohl von statt gangen.) Ich beurlaube mich
tter.
et in ihr Zimmer / Arbaste begleitet sie
biß dahin.
le / ich bearge / daß du verborgen gewesen.
was vermeintest du / daß ich mich verbergen

Was hast du in den Garten gethan?

Tem.

Tem. Ich habe die Blumen betrachtet.

Arb. (Argwohn! du quelest mich) wo bist du hinein gangen?

Tem. Durch den Thier-Garten.

Arb. Und wer hat dir durch dise Thür herauß zukommen den Weeg gewisen?

Tem. Der Ruff deiner Stimme.

Arb. Die Thür versperrt sehen. (Argwohn du peinigest mich?) Ist doch die Thür verschlossen. Wie bist du herein kommen?

Tem. Ich hab sie nach meiner versperrt / als ich herein gangen.

Arb. Wer hat dich dahin vermögt / daß du zuschliessest?

Tem. Ich weiß nicht / es ist ohngefehr geschehen. Worzu aber / O Herr / seyn dise Fragen? Sage mir / was du beargest? was du förchtest?

Arb. (Ich will ihm das Blat zeigen. Doch nein / der König dörffte sich zürnen: Er antwortet mir beständig / entfärbet verwirret sich nicht. Unmüglich / daß er schuldig seye. Gar gewisse irre ich mich?) Nichts / nichts Temistocle. Gehe nur. (Ich muß grössere Anzeigen erwarten.)

Temistocles im weckgehen / (Er eyffert gar gewiß auff mein gespürte Lieb)

Arb. (Ach Argwohn / wie dein Forcht mir nicht das Herz betrüb.)

Gehet in der Cleomira Zimmer.

Zehender Eintrit.

Atima / Belira / Dienstmägde / so danzen.

Ati. 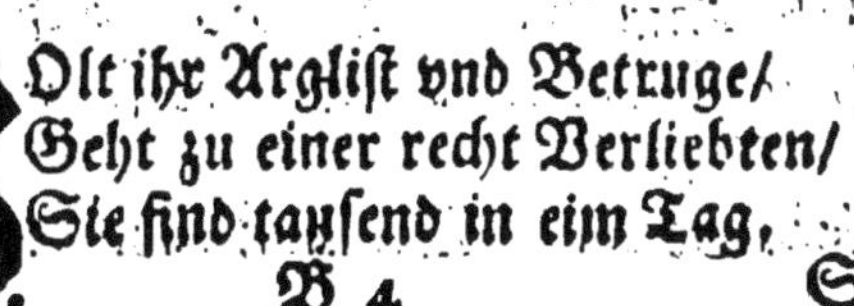
Olt ihr Arglist und Betruge /
Geht zu einer recht Verliebten /
Sie sind tausend in eim Tag.

Sie weiß mit so mancher Luge
Außzuhelffen den Betrübten /
Daß mans kaum begreiffen mag.
Wolt ihr Arglist und Betruge /
Geht zu einer recht Verliebten /
Sie sind tausend in eim Tag.

Gedencket. Cleomira stellet sich ohmächtig / damit sie der Verwirrung möchte befreyt seyn.

Belira kommet / und spottet Atimen auß / als sie die guldene Ketten von ihm empfangen.

Bel. Ich will nicht nein / ich will nicht nein.

Ati. Was ist dir Belira?

Bel. Ich sags voran
Ich nims nicht an = =

Ati. Ja ja / Schalckhaffter / also verspottest du mich?

Bel. Bin härter als ein Stein /
Ich will nicht nein / ich will nicht nein.

Hier kommen etliche Persianische Dienstmägde.

Ati. Straffet den Ubermuth dises Böswichts / wolt ihr anders meine Freundinne seyn.

Sie schlagen auff ihn / er schreyet.

Bel. Ich will nicht nein / ich will nicht nein.

Die Dienstmägde jagen ihn fort und danzen.

Anderte Handlung.

Königliche Zimmer deß Xerxes.

Erster Eintrit.

Temistocles / hernach Xerxes.

Tem. O Du beglickte Seele/
Was wilt du mehrers nu?
Es brinnt mit gleicher Hele/
Die dich entzünd / wie du.
O du beglickte Seele/
Was wilt du mehrers nu?

Die Lieb hat dich gefangen/
Damit sie dich erfreu/
Die / welche dein Verlangen/
Brinnt dir mit gleicher Treu/
Die Lieb hat dich gefangen/
Damit sie dich erfreu.

Auß disem Irr-Garten herauß zu kommen habe ich den Faden deß Glicks gehabt/ vnd siehe eben den König/ dessen Befehl zuvernehmen ich hieher kommen.

Xer. Temistocles / ich will dir mein Herz vertrauen. Ich bin in Cleomiren verliebet.

Tem. (Ach mir!)

Xer. In ihren schönen Aug-Aepffeln drähet sich mein Glicks-Rad herum. Die scharpffe Obsicht ihres Vatters beraubet mich deß Genusses mit ihr zu reden / sie zu sehen. Ich verlange von dir / daß du sie dahin beredest / daß sie dise Nacht von dem Fenster mich anhöre / du allein wirst mit mir kommen / gehe geschwind in den Garten / sie wird jez aldort seyn.

Tem. (Wie in eim Augenblick erbleicht mein Soñenschein?) In den Garten?

Xer. Ja.

Tem. Anjezo?

Xer. Als vil ich bericht bin. Gehe.

Tem. (Ach meine Hoffnungen / nun euer End ich sehe) Gehet.

Xer. Gefliglete Liebe /
Verbundener Schize /
Mein Freud nicht verschiebe /
Beglicke mein Hize /
Gefliglete Liebe
Verbundener Schize!

Unmündiges Kinde /
Du Trost der Betriebten /
Dein Flammen entzünde
In meiner Geliebten /
Unmündiges Kinde /
Du Trost der Betriebten!

Anderter

Anderter Eintrit.

Arbaste / Xerxes.

Arb. GRosser König.

Xer. Arbaste / gleich jez gehet dein Gast von mir. Ich hatte belieben mit ihm zu reden; Er ist vernünfftig / er redet zierlich / und / wo man von wichtigen Sachen Gespräch halt / auch fruchtbar. Pfleg seiner wohl / er verdienet es.

Arb. Herr / eben dises zu bitten bin ich anhero gelanget / daß ich seiner Sorgtragung möchte enthebet werden. An denen / die seiner pflegen / wird es dir nicht erwinden / ich bin schon überladen mit Jahren / überhäufft mit Geschäfften / er ist lebhafft / geistreich. Meine Tochter jung / ihr Verstand unreiff / und hat noch etwas von der unzeitigen Jugend Gebrechen. Der mit den Rosen scherzt / dörfft sich wohl einmahl stechen.

Xer. Ein Zwang deines Beginnens ist / daß ich es sage / Arbaste / ganz klar nimme ich ab / daß du mich mit Verdruß nur bedienest.

Arb. Also beleidigt dich dises!

Xer. Und solte es mich nit beleidigen? Dessen den ich dir anvertrauet / getreue Sorge zutragen fallet dir schwär? Beschuldest dich selbsten eines hohen Alters? Wendest weiß nicht was für Geschäfften vor? Dises seyn nur unbegrinte Vorgeben / und bringest so gar wider deine eigene Tochter eine unwichtige Anklag daher / pfleg seiner / und entschlag dich dessen nimmermehr.

Arb. Hör mich / O König. Ich bin benachrichtet worden / daß er hieher kommen / mich deß Leben Liechts zuberauben / und daß seine Lands-Verbannung nur zu dem End erdicht sey.

Xer. (Was ein selzamer Einfall!) woher hast du dise Zeitung?

Arb. Auß Athen.
Xer. Wer schreibt sie?
Arb. Es ist kein Nahm unterzeichnet.
Xer. Eh! diß seyn Fantaseyen.
Arb. Lise die Wort / so auff disem Blat stehen.
Xer. Du gibest mir Verdruß. Ich wils nicht sehen.
Geht weck.

Arb. Bebendes Herze
Schwachheit vnd Schröcken voll/
Was sagst du hier?
Ich hab dir disen
Beschämungs Schmerze
Gesaget für.
Bebendes Herze/
Schwachheit vnd Schröcken voll
Was sagst du hier?

Höre mich Seele/
Seye hinführo nicht
Mehr Kälte voll.
Habs schon vermeldet/
Die Forchtes Quele
Stehe nicht wohl.
Höre mich Seele/
Seye hinführo nicht
Mehr Kälte voll.

Zimmer deß Xerxes.

Driter Eintrit.

Cleomira / Temistocles.

Cle. Xerxes will mit mir reden? vnd du bist der Vermitler seines Vorhaben?
Tem. Wie kan ich anders?

Cle.

Cle. Ach du liebest mich nicht.

Tem. Von dem Fenster wirst du ihn anhören.

Cle. Ein Pfeil / den man in die ferne schiesst / dringet tieffer hindurch.

Tem. Ich werde zugegen seyn.

Cle Wirst du Herz genug haben solches zuertragen?

Tem. Ich weiß / daß du gescheyd seyest.

Cle. Ach du liebest mich nicht.

Tem. Ich vertraue auff deine Beständigkeit.

Cle. Ich bin eine Frauens-Persohn / und er ein König.

Tem. Du aber bist vernünfftig / und er gerecht.

Cle. Er ist verliebt / und ist Herr.

Tem. Aber kein Wütterich.

Cle. Ach du liebest mich nicht.

Tem. Rede nicht also mein Liechte.

Cle. Temistocles / wer nicht eyffert / liebet nicht recht. Der Schatten nimmet von dem Leichnam niemals die Flucht. Der Schatten aber der Lieb ist die Eyffersucht.

Tem. Ihne anzuhören schadt nichts.

Cle. Weil du dann wilt / so will ich ihn hören.

Tem. Ich besorge mich keiner Untreu deiner Liebe.

Cle. Gehe / und sage ihm / daß ich ihn von diesen Fenster anhören wolle.

Tem. Ich gehe (ach ich fühle in meinem Herzen nur allzuvil Pein) Geht fort.

Cle. Wart Einfalt / ich will dich gwiß lehrnen eyffrig seyn.

Wo's Herz nicht Eyffer voll/
Hat wahre Lieb kein Plaz/
Die Schönheit ist ein Schaz/
Den man bewahren soll.

Und dann erst sucht man gschwind
Den Schaz / wann er schon fort/
Den man doch hier und dort/
So leichtlich nicht mehr find.

Vierter

Vierter Eintrit.

Artamida / Cleomira.

Art. MEhr / als an einem Orth redet man von deiner Vermählung Cleomira.

Cle. Mit wem?

Art. Mit dem König.

Cle. Dises seyn deß unbesuñenen Volcks aberwizige Reden.

Art. Ich wünsche dir alle Freud / alle Vergnügung / und so dises geschicht / hoffe auch ich mit einem Gemahl versehen zu werden.

Cle. Wer soll diser seyn?

Art. Einer / den du nicht verachtet.

Cle. Den ich nicht verachtet?

Art. Temistocles.

Cle. (Was eine Kecke!)

Art. Verwirret / mißfallet dir solches?

Cle. Höre Artamida / Temistoclen habe ich bißhero weder veracht / noch geliebet / eine einzige Zeugenschafft seiner Verdienste hab ich erwartet / dise ist deine Lieb / nun hast du mir die Linien auff das Blat gezohen / worauff ich grad schreibe / hast mir den Fuß-steig gewisen / allwo ich unverwirrt fort gehe. Nun lieb ich ihn erst / Glick zu. Geht weck.

Art. Du Geyer meiner Ruhe!
Was werd ich jez thun?
Wer erhaltet nun
Dich / O Hoffnung hier?
Weil du schon gar von mir /
So muß ich empfinden
Alle Freud verschwinden /

Und

Und das Scherzen
Weicht vom Herzen
Alles schier.

Wann im tieffen Grund
Deß Liebs-Meer jezund
Mein Herz Schiffbruch lid'/
So ists gescheh'n hiermit.
Mir erzeigt das Glicke
So ein grosse Dicke/
Daß fast keine
Hoffnung scheine
Für mich nit.

Fünfter Eintrit.

Osmondo / Artamida.

Osm. Meine Gottheit?
Art. Du bist fürwar ausser der Zeit.
Osm. Wann ich in deinem Herzen lebe / so achte ich der Zeit wenig / vnd ist mir genug / daß ich nicht ausser Orth seye.
Art. Nun was wilt du Osmondo?
Osm. Dich befragen.
Art. Heut antwort ich nicht,
Osm. Dich bitten.
Art. Bitte die Götter.
Osm. Grausame! du verzehrest mich.
Art. Ich nicht Osmondo / du irrst dich. Die Jahr verzehren sich. Geht weck.

Osm. Sag / wer / O Treulose/
Dein Rauber seye?

O Falsche

O Falsche Schöne/
Wo bleibet jene
Geschworne Treue?
Sag / wer / O Treulose/
Dein Rauber seye?

Vorhin O Wanckende/
Hast mich geliebet.
Nun zeigt dein Herze/
Zu meinen Schmerze
Nur lauter Reue.
Sag / wer / O Treulose/
Dein Rauber seye.

Zimmer deß Temistocles

Sechster Eintrit.

Temistocles.

Tem. XErxes hat vmb die Antwort einen Botten gesand. Noth / daß ich die Feder auff das Papier anstrenge! ach GOtt / zu meiner Freud / ich bitters Gifft vermenge.

Meine Freude ich nun verliehr/
Doch leyd mein Seele
Nur dise Quele.
Wer kan darfür?
Meine Freude ich num verliehr.

Meine Hoffnung/nun hast du's gar /
Wie wohls mich schmerze/
Ist doch mein Herze

Nicht

Nicht vndanckbahr.
Meine Hoffnung / nun hast du's gar.

Sezt sich zu schreiben.

Ich will schreiben / daß Cleomira hartmütig / Arbaste sehr behutsam seye / vmb mehrer Verdienste deß erlangten Beginnens darvon zu tragen. Was aber hör ich hieraussen für ein schlagen?

Von aussen hört man ein Waffen-Getöß / Temistocles eilet demselben zu / auff der andern seiten kommet Arbaste.

Sibender Eintrit.

Arbaste / hernach Temistocles zu ruck komment.

Arb. TEmistocles hat Feind. Ich habe nicht Ursach genug / daß ich wider ihn mit der Anklag verfahr / der mich gewarnet / entdecket sich nicht / vnd liegt villeicht gar.

Lasse ab mich mehr zu plagen /
Argwohne /
Und verschone
Mein Herz zunagen.
Lasse ab mich mehr zu plagen.

Weiche nur / weich ab von dannen /
Forcht-quele /
Und mein Seele
Nicht bring zum Klagen.
Lasse ab mich mehr zu plagen.

Sichet den Schreib-Tisch.

Hier aber schreibt er / vnd gar gewiß nach Athen. Schöne Gelegenheit seine Gedancken zu erforschen. Diß ist der Anfang eines Brieffs / ich will ihn lesen. " An " meinen Fleiß habe ich nichts erwinden lassen / aber "Arbaste gehet mit grosser Behutsamkeit. Und was suche ich weiters? Siehe / nun ist die Warnung gegründet / der Argwohn gesteyfft. Er verspares keines Fleiß? Ich bin gar behutsam? So mir nicht der Himmel zu Hülff kum / so bringt er mich vm. Was werde ich thun? Wenig Wort will ich seinem Brieff vnterzeichnen / ihme zuverstehen zu geben / daß mir der Himmel seine Nachstellungen schon entdecket dermahlen.

Schreibt vnter den Brieff deß Temistocles vnd sagt im weckgehen.

Verkundschafften Verräthern pfleget das Herz zu entfallen.

Temistocles zuruck kommens: O der liederlichen Diener-Bursch vnnuze Händel! Ich kehre widerum zu meinen Brieff. Aber was sihe ich? Was seyn dises für hinzugesezte Buchstaben? So ich nicht irre / glaub ich / daß es die Hand deß Arbaste sey. Lieset " Ein adeli- " ches Herz würckt kein Verrätherey. Was liese ich? gar gewiß ist er in die Kundschafft meiner Liebe gerahten? Was thue ich nun? O vnbeglickte Verhängnuß meiner grausamen Sternen! Auß diser stummen Post hab ich genug zu lernen. Aber die annahende Schatten beginnen allbereit den Sterbenden Tag mit der bleichen Nachtfarb zu überziegen. Ohne weiters schreiben will ich mich zu den König verfügen.

Rollet das Papier / worauff Arbaste geschriben / zusammen / vnd nimt es mit sich.

Garten.

Zur Nacht-Zeit.

Achter Eintrit.

Cleomira an einem Fenster.

Cle. LAuther Schertz / vnnd Schimpff solls seyn/
So mein Hertze
Nun auß Schertze
Untreu Schein/
Solls nur Schertz vnd Schimpfe seyn.

Ich will hörn vnd red'n/ allein
Soll kein neue
Lieb vnd Treue
Mich nehmen ein.
Lauter Schertz vnd Schimpff solls seyn.

Aber es kommet jemand / als vil ich außnehme bey den funckenden Sternen-Schein. Es wird mein einfältiger Liebhaber vnd sein Mitbuhler seyn.

Neunter Eintrit.

Temistocles / Xerxes / Cleomira / hernach Arbaste.

Tem. DIß ist das Orth/
Xer. Ich warte allhier / du gehe vorhin / vnnd berichte mich sodann / wann sie angelanget.
Tem. Diß soll geschehen (Ertrage nur O Hertz deine Plag.

Was nicht die Danckbarkeit in meiner Seel vermag!

Xerxes bleibet zuruck / Temistocles aber gehet unter der Cleomira Fenster.

Cle. Temistocle / bist du es?
Tem. Ja ich bin es / mein Leben.
Cle. Zaume dein vermessene Zunge gegen einer geliebten deß Königs.
Tem. Was sagst du?
Cle. Dises was ich gesagt hab.
Tem. (Ach mir / nun scheid die Seel von meinem Herzen ab)
Cle. Ist der König allhier?
Tem. Ja.
Cle. Was verweilest du dann ihm zusagen / daß er mit mir zureden hieher kum?
Tem. O Untreue / warte ein wenig / O Götter / du bringest mich um.
Cle. Du verschiebest meine Freud / verlängerst seine Vergnügung. Verweilest du dann also das Verlangen eines liebenden Königs? Mache daß er hieher kum.
Tem. O Untreue / warte ein wenig / O Götter / du bringest mich um. Hast du dich in ihn verliebet?
Cle. Ja / weil du mich darzu vermöget.
Tem. Ach du hast mich ermordt.
Cle. (So recht einfältiger Liebhaber / leyde nur fort.) Mach daß er komme / oder ich ruffe ihn selber. Du machtest mich der Zufridenheit schon genugsam verliehren.
Tem. Herr / gehe hieher zu Cleomiren.

Ruffet den König / er aber gehet zuruck / und inmittels er den König mit Cleomira reden siehet / sagt er zu sich selbst.

(Ach mir ich bin todt. O Boßhaffte wahr hast du gesagt / daß er ein König / und du ein Frauenbild seyest.

Wahr /

Wahr / daß deine Unbeständigkeit mich nur verschmähe / ach meine Hoffnungen / nun euer End ich sehe.)

Hier komt Arbaste.

Arb. Nun daß die wallende Sommers-Hiz deß Tags hindurch brennet/dienen die kühlen Nacht-Schatten zur besten Erquickung. Aber mein Griech kommet noch nit/ die Nacht wachset / vnd der Himmel voll Schatten/ voll Stern ist ein nichts sehender Argus.

Tem. (Aber ich hör Leuth ankommen)

Arb. (Allhier ist jemand)

Tem. Hola! wer du auch seyest / gehe von dar.

Arb. Wer vnterstehet sich mich von dannen zu schaffen?

Tem. Der dich wird zuentädern wissen.

Arb. Ich hab Händ / ich hab Waffen.

Tem. Bist du es Arbaste?

Arb. O Meuchel-Mörder! O Verräther! also stellest du mir nach den Leben?

Tem. Ich bin Temistocle.

Arb. Diß weiß ich / Betrieger / daß du mich todt wollest.

Xer. Was höre ich?

Cle. Was ein Getümmel?

Xer. Stelle dich zur Ruhe // Arbaste halt inn/

Arb. Und du / wer bist du?

Xer. Der König.

Arb. Du O mein König allhier?

Cleomira am weckgehen. (Mein Vatter? ach mir!)

Xer. Ja ich bin hier / der kühlen Nacht-Schatten zu geniessen / ich habe Temistoclen mit mir genommen / vnd du glaubest / daß er komme dich zuentädern. Du bist tollsinnig / bist blind / die Könige nehmen keine Verräther zu sich. Lasset vns gehen.

Arb. Ich bin ja verwirret.

Xer. (Er hat mich in dem besten verirret.)

Arb. (Wie es mir mit meinem Argwohn nicht gehe!)
Tem. (O meine Hoffnungen / nun euer End ich sehe?)

Gehen weck.

Zehenter Eintrit.

Atima / Belira.

Einheimische Geister / so hernach danzen.

Ati. JEzund / daß die Sonnen-Strahlen
Lufft und Schatten nicht anfeuren/
Reicht die Nacht ein süß gefallen.

Bey dem Schatten-Liecht der Steren
Lassen sich die kühlen Lüffte
Ohne-Hize Scherzweiß hören.

Belira stolpert.

Bel. Ho ho!
Ati. Was ist dir?
Bel. Ich bin gestolpert / weiß nicht ob über ein Bloch oder einen Stein; das herumziehen bey der Nacht gefallet mir nicht / ach hätt ich ein Liecht.

Hier erscheinet ein Liecht / so ein einheimischer Geist traget / welchen aber Belira nicht siehet.

Siehe fürwar eins / aber ach! Es gehet entweder von sich selbs / oder mich zu verführen / beginnt es weiß nicht was fur ein Geist zu regieren.

Ati.

Ati. Ja / ja es gibet allhier in dem Garten zwischen den Lorbern und Myrten viel einheimische Geister.

Bel. Ich verlangte zu wissen = =

Ati. Was?

Bel. Ob der höffliche Geist das Liecht bey dem Höllischen Feuer angezündet.

Ati. Nein / das wäre zu weit.

Hier lassen sich unterschidliche einheimische Geister sehen.

Bel. Hu! ich sihe sie jezt. Einer / drey / sechs/

Ati. Sie fügen kein Ubel zu / sie tragen nur Belieben Scherz und Kurzweil zu treiben.

Hier erscheinet ein Flaschen Wein mit einem Becher getragen von unsichtbahren Geistern.

Bel. Sie bringen zu trincken. In Warheit es durstet mich sehr.

Ati. Wie kommet nicht Becher und Flaschen von sich selbsten daher?

Indem Belira nach den Becher wil greiffen / geht alles in den Lufft auff.

Bel. Ach! ach! es gehet alles in den Lufft/

Beede. und die Geister danzen eine Canari.

Gehen weck.

Folget der Danz von den einheimischen Geistern.

Drite Handlung.

Zimmer mit einem Spiegel.

Erster Eintrit.

Zur Tag-Zeit.

Temistocles / hernach Atima.

Tem. BEsig dich sebls O Herz /
Bezeuge deine Künheit /
Weich nicht dem Liebes-Scherz /
Besig dich selbs O Herz.

Betrachte wohl die Sach /
Verlasse jene Schönheit /
So dir die Treue brach /
Betrachte wohl die Sach.

Atima dem Temistocles einen abgebrochenen Degen-spiz weisend. Temistocles / in dem Garten ist diſes Klingens-ſtuck gefunden worden/ ſehe / ob in dem nächtlichen Handl nicht dein Degen zerbrochen / diſen Eifer bin ich deiner Höffligkeit verpflichtet / villeicht hat dir die finſtere Nacht ſolches in Obacht zunehmen nicht erſtatt / ein zerbrochener Degen ſtehet nicht wohl für den/ der Feind hat.

Tem. Ich erkenne mich deiner Wohlneigung verbunden zu seyn / vnd obwolln meine Klingen von feineſten Stahel / die nicht ſo leichtlich in Stücken kan gehen / ſo will ich doch darnach ſehen.

Ziehet den Degen auß / indeme kommet Arbaſte von ihnen vngeſehener an/ vnd ſiehet in dem Spiegel / wie Temiſtocles den Degen entblöſſe/ glaubt daß es wider ihn angeſehen.

Anderter Eintrit.

Arbaſte / Temiſtocles / Atima.

Arb. ACh mir! was ſiehe ich / ach Grimmer! ach Unmenſch! ach Verräther!

Tem. Wer iſt ein Verräther?

Arb. Ich habe in den Spiegel geſehen wie du das Schwerd wider mich gezucket.

Tem. Ich?

Arb. Ja / ja / haſt dus nicht noch entblöſter in Handen?

Tem. Atima hat mich befraget / ob mir nicht in dem nächtlichen Handel mein Degen zerbrochen / vnnd wiſe mir das Klingen-ſtuck ſo in den Garten gefunden worden / alſo hab ich ihn außgezogen darnach zu ſehen.

Ati. Sihe das Klingen-ſtuck. Wie er ſagt / ſo verhaltet es ſich.

Arb. (Verfluchter Argwohn / wie quelst du mich?) Temistocles / ich bekenne es / daß ich ausser mir selbst seye. Die ringeste Stäublein sehe ich vor Berge an. Ach vergibe doch den Aberwizigen Fantaseyen einer verwirrten Seelen.

Tem. Ich sehe es wohl / daß ich dir überlästig seye / Arbaste. Ich will von Xerxe mich beurlauben / will von dar. Wiß / daß Temistocles nie kein Verräther war.

Arb. Gifft meiner Ruhe / Vipern meiner Brust / verfluchter Argwohn!

Hab kein Raste /
Ich habe kein Rhu.
Ein Höllischer Laste
Dringt stets auff mich zu.
Hab kein Raste /
Ich habe kein Rhu.

Bin geplaget /
Stets leidet mein Hertz /
Der Argwohn mich naget /
Mit grausammen Schmertz.
Bin geplaget /
Stets leidet mein Hertz.

Driter Eintrit.

Osmondo / Artamida.

Osm. Weiß nichts mehr zu sagen /
Weiß nichts mehr zu thun /
Die Frewd meiner Tagen
Verschwande nun /
Weiß nichts mehr zu sagen /
Weiß nichts mehr zu thun.

Nicht

Nicht mehr wird geachtet
Mein dienstbahre Trey/
Die Liebe trachtet/
Daß ich todt sey.
Nicht mehr wird geachtet
Mein dienstbahre Trey.

(Vnd siehe die grausame) Schöne / du hast mich geliebet / nun aber führest du mich in einem finsteren Irrweeg herumb. Sag / liebest du mich noch?

Art. Ja/ Osmondo.

Osm. Wirst du auch immerfort der Beständigkeit in deiner Lieb seyn beflissen?

Art. O! du verlangest gar zu vil auff einmahl zu wissen.

Osin. Wirst du dich etwann verändern?

Art. Morgen solt du es erfahren.

Osm. Warum nicht Heut?

Art. Sag mir/ Osmondo/ wird Morgen das Meer Windstill/ der Himmel hell seyn?

Osm. Ich kan ja das gute oder böse Gewitter nicht vorsehen.

Art. Also kan auch ich nicht vorsagen/ was mit einer Seel kan geschehen.

Osm. So kuntest du vnbeständig seyn?

Art. Gewiß/ ja.

Osin. Gewiß/ sagest du?

Art. Wer ist der jenige/ der den Menschlichen Willen in die Beständigkeit einricht?

Osin. Die keine Trewe hat / verdient auch d' Schönheit nicht.

Art.
Ob es auch möglich sey/
Daß/ wann sich mehrer zeigen/
Man sich nicht soll abneygen/
Vnd eim nur bleiben trey/
Ob es auch möglich sey?

Es kan nicht möglich seyn/
So d' Lieb was news aufftreibe/
Daß's Hertz entzündet bleibe
In ein Gestalt allein/
Es kan nicht möglich seyn.

Aber ich habe gehört / daß Temistocles abreisen werde. Cleomira wird mir wissen dessen Nachricht zu geben; siehe sie eben.

Vierter Eintrit.

Cleomira/ Artamida.

Cle. WEist du nun/Artamida / daß der Griech mein Lieb/ mein Verlangen?
Art. Du hast mirs gesagt / daß du jhn liebest/ es ist mir aber leyd/ daß du zu spatt angefangen.
Cle. Wie dises?
Art. Hast du nicht gehört/ daß er abreisen werde?
Cle. Abreisen?
Art. Ja.
Cle. Ich glaub es nicht.
Art. Man redet schon allseits hiervon.
Cle. Es wird doch nicht wahr seyn.
Art. Du wurdest es gewißlich schmertzhafft empfinden.
Cle. Du villeicht mehrer dann ich / die ich einen König zum Liebsten hab.
Art. Es gehet eben mir an keinen Liebsten ab.
Cle. Vnd wann er auch darvon wolte / so wissete ich eine Kunst jhn allhier zu erhalten.
Art. Was da?
Cle. Einen Liebreitzenden Anblick/zwey schmeichlende Wort/ So geht er nicht fort.

Art. Also vil bildest du dir von dir selbst ein?

Cle. Die Stricke seiner Seel in meinen Augen seyn.

Art. Das Glick woll deine Hoffnnngen zum guten End bringen. (Es möchte mir das Hertz vor Eyffersucht zerspringen.) Gehet fort.

Cle. Indeme er glaubet/ daß ich Xerxen liebe/ wird sich der verzweiflete entschlossen haben von hinnen zu reisen. Aber er schwimme nur eine Zeitlang in den bittern Wällen seiner ängstlichen Pein: Ein andersmal lerne er eyffersüchtig zu seyn. Und siehe/ hier kommet er eben herein.

Fünfter Eintrit.

Temistocles/ Cleomira.

Tem. Cleomira/ mit dem Nahmen meiner Geliebten darff ich dich nicht mehr nennen/ Cleomira/ ich bin gezwungen auß Persia zu reisen.

Cle. Warumen?

Tem. Es fallet mir gar zu schwär meinen Leydenvollen Stand zu ertragen.

Cle. Was? bist du etwann Eyffersüchtig worden?

Tem. Schon genug/ Grausame.

Cle. Ich verstehe dich nicht. Was willst du sagen?

Tem. Du bist eine Frauen Persohn/ und Xerxes ist König.

Cle. Also hab ja auch ich dir gesagt.

Tem. Wohl. Ich reise nun anderst wohin. Jedannoch wird die Gedächtnuß deiner Wolthaten niemahls meiner danckbahren Seele werden benummen.

Cle. (Er wolte gern auff den Grund kummen.)

Tem. Ich entferne mich/ und weiche anjetzo deinem Glick/ deiner Würde/ zumahlen ich dir annoch in meinem Hertzen trewe Liebs-Neigung erweise. Cle.

Cle. (Ich glaube nicht/ daß er von hier reise.)

Tem. Unter einem abgelegenen Himmel suche ich nun in einer finstern Höhle meinen Schmertzen ein lebendiges Todten = Grab.

Cle. (Er reiset doch nicht ab)

Tem. (Ich kan doch die kluckſende Seufftzer in der Brust/ und die hervor schwöllende Thränen in meinen Augen nicht mehr enthalten/ besser ich gehe:) Ach Cleomira/ lebe wohl! Gehet weg.

Cle.
Durch das Lächlē/und durch mein Schmeichlen
Will ich leichtlich erhalten jhn/
Weil mir wissend/ was da das Heichlen
Eines lieben Gesichts kin.

Hat er liebliche Blick zu niessen/
So begibt er sich gwiß nit weit.
Dann die Würckung deß Augen Schiessen
Weiß ich durch die Erfahrenheit.

Zimmer deß Xerxes.

Sechster Eintrit.

Xerxes/ Arbaste.

Xer. EInen Mann von Würdigkeit/ von Verdiensten/ der mir lieb und angenehm ist/ nennest du einen Verräther?

Arb. Herr/ ich bin ausser mir selbsten.

Xer. Unter seinen Brieff zeichnest du Ehren = rührige Schmach = Reden? Glaubest du/ daß ichs nicht wisse? Siehe und spiegle dich in disem Blat.

Weiset

Weiset jhm den oben von Temistocle angefangenen/ von ihme aber vnterzeichneten Brieff.

Arb. Wie ist er in deine Hand gerathen?

Xer. Temistocles hat mir jhn gegeben / deinen Fähler zu entdecken.

Arb. Herr/ ich bin ausser mir selbsten.

Xer. Jeglicher Schatten geduncket dir ein Riß/ jegliches Stäublein ein Berg zu seyn.

Arb. Daß er allen Fleiß anwende? Daß ich behutsamb vmbgehe? Was soll es bedeuten/ daß er diß in Athen überschreibe?

Xer. Er hat nicht nach Athen geschriben.

Arb. Wem dann?

Xer Mir.

Arb. Dir!

Xer. Mir/ ja. Vnd was? wohl eine grosse Sach?

Arb. Von was seinem Fleiß / von was meiner Behutsamkeit aber muß er dir Zuschreiben gehabt haben?

Xer. Genug/ daß ich es wisse.

Arb. (Ach gar gewiß wird was grosses wider mich angespunnen.)

Xer. Nun was sagst du vnbescheidener Argwohner / vngesitter Verleimbter?

Arb. Nun weiß ich nichts mehr / ich bin ausser mir selbsten/ O Herr.

Xer. Vom Gespräch mit meiner Schönen
Mich zu trenen
Diß fiel mir schwer.
Mehr als vormals fihl ich nun Hitze/
Der klein Schütze
Durchschoß mich mehr.

Von den dort vergossnen Threnen
Wuchs das brenen

Noch

Noch eins so sehr.
Mehr als vor ich nun lieb empfinde/
Das klein Kinde
Verband mich mehr.

Sibenter Eintrit.

Temistocles/ Xerxes.

Tem. HErr/ ein feindseelige Verhängnuß ziecht mich auß Persien/ ich muß verreisen.

Xer. Verreisen? was eine Neuerung?

Tem. Erlaube mir/ daß ich gehe/ O Herr. Vor die von dir empfangene Gnaden werde ich in meinem Hertzen ewige Verbindnussen tragen.

Xer. Was beweget dich dann von hinnen zu reisen? Deß Arbaste Tollsinnigkeit etwann? Ich hab jhn destwegen schon bedrohet/ ich werde jhn straffen.

Tem. Dises nicht/ Herr.

Xer. Hast du eine Nachstellung erfahren?

Tem. Nein.

Xer. Bist du vnter meinem Schatten nicht sicher?

Tem. Eben als wann ich an der Seithen deß Jupiters wäre.

Xer. Oder in wem lasse ich dir etwas erwinden?

Tem. Du überhäuffest mich in allen.

Xer. So sage dann/ warum du hinweg trachtest.

Tem. An dessen Wissenschafft beruhet dir nichts.

Xer. Genug/ weil ich es zu wissen verlange; ich will/ daß du es sagest.

Tem. Ich gehorsame deinem Befelch. Herr/ bevor ich gewust habe/ daß du Cleomiren liebest/ bin ich in dieselbige entzündet gewesen.

Xer. (Ach Himmel/ was hab ich zu hören?)

Tem.

Tem. Habe sie auch zu meiner Hitz nicht von Eys gefunden. Nu aber / daß mir deine Lieb bekant ist / liget mir auß schuldiger Ehrerbietung ob/ mich von dar zu begeben/ ich soll vnd will ehender sterben/ als deiner Liebe das mindiste in dem Weeg legen. (O schöne Danckbarkeit/ wie groß ist dein Vermögen!)

Xer. (Seltener Zufall in Warheit! nun was thun wir/ O Herz?) ist deine Hitz inbrünstig?

Tem. Daß sie mich ganz versehret.

Xer. Und du hast ihr mein Verlangen entdecken können?

Tem. Ich hab können gehorsamen.

Xer. Und hast sie vermögt mit mir zu reden?

Tem. Diß weist du.

Xer. Und ware es dir nicht beschwerlich?

Tem. Ich weiß / was ich gelitten.

Xer. Schmerzet dich dein Abreisen nicht?

Tem. Es entseelet mich fast.

Xer. Und wilt dannoch hinweck?

Tem. Gar bald.

Xer. Von meinet wegen?

Tem. Gewiß.

Xer. Und kanst also deine Neigungen verlassen?

Tem. Ja Herr.

Xer. Wisse / daß ich nicht minder seye als du. Ich lasse dir Cleomiren / sie seye dein.

Tem. Herr . .

Xer. Wende nichts ein. Ich will nicht/ daß du dich zweyer Sige über mich sollest zu rühmen haben / daß du mir nemlich einmal im Glick / deß anderte mahl in der Seelen Tapfferkeit gehest voran.

Tem. (O Glick/diß ist zu vil / oder du spinst was an)

Xer. (Nun O Herz verlohrest du deinen erfreulichen Liebs-Scherz / doch hast hiermit gezeigt / du seyst deß Xerxes Herz.)

Tem. Du bist allzu genädig / O Herr / aber . .

Xer. Was?

Tem. Jch weich deiner Liebe.

Xer. Jch verstehe dich schon. Jch bin entschlossen Griechenland zubestreiten. Dir trage ich die Anführung meiner Soldaten auff / du wirst mit deiner Gemahlin davon ziehen / vnd also allen Schatten einiges Argwohns entziehen.

Tem. Griechenland zu bestreitten?

Xer. Ja.

Tem. (Ach mir / was höre ich? Sihe O Glick deine Untreu!)

Xer. Jch weiß du hast kein Herz / daß mir vndanckbar sey.

Geht weck.

Achter Eintrit.

Temistocles / Cleomira.

Tem. JCh wider Griechenland / wider Athen streiten? O Himmeln / was thue ich? Ja / dann es ist mir vndanckbar / vngerecht. Nein / weil es mein Vatterland. Ja: dann ich solle gegen dem Xerxes nicht vnerkantlich seyn. Doch nein; dann ich bin ja kein Vipern / welche jenen Busen zerreisse / worin ich gebohren. Doch ja ja / dann ich bin eine auß dem Vatterland außgerissene Pflanzen / welche jenem Erdreich / so mich vnterhaltet / die Früchte verbunden. Nein: Ja: ach allerseits habe ich eine vnleidentliche Quaal zu empfinden. Jch gleiche einem Schiff zwischen zwey Felß vnd Winden.

Du dapfrs Herze du /
Auß meinem Band vnd Stricke
Der Liebes Dicke

Löse

Löse mich nu.
Du dapfres Herze du.

Du starcke Künheit du/
Die Keich / worin mein Seele
Leyd so vil Quele/
Oefne mir nu.
Du starcke Künheit du.

Cle. (Er ist noch hier. Habe ichs nicht gesagt?) Bist du noch nicht von dar?
Tem. Cleomira / du komst mich zu peinigen.
Cle. Wie? Mißfallet dir etwann mich zuverlassen?
Tem. Ja / weil ich so vnbeglickt bin.
Cle. Wie diß?
Tem. Weil ich nicht kan dein Gemahl seyn.
Cle. Deine Schuld! du hättest sollen Eyffersüchtig seyn.
Tem. Ach du verstehest es nicht.
Cle. Ich verstehe es wohl / Xerxes will nicht.
Tem. Nicht wollen? Er hat dich so gar mir überlassen.
Cle. Wie?
Tem. Er hat mir die Gnad verliehen dein Gemahl zu werden.
Cle. Ist es auch müglich?
Tem. Leyder / nur allzuwahr!
Cle. Und quelet dich dises?
Tem. Es machet eine ganze Aufruhr in meinem Gemüthe entstehen. Der Schaz komt allzu spatt / da man in Todt muß gehen.

Geht fort.

Cle. Ach ihr wisset
Nicht / was ihr wollet/
Nie vergniegte Freyer Seelen.
Wann ihr niesset
Diß / was ihr sollet/
Seit ihr gleichwohl noch voll der Quelen.

Wenig Stunden
Seyn euch bescheret
Wahrer Freude zu geniessen/
Wann ihr gfunden /
Was ihr begehret/
Habt ihr gleichwohl noch was zu büssen.

Geht fort.

Tempel der Sonnen.

Neünter Eintrit.

Xerxes / Arbaste / Persianische Priester.

Xer. (HErze / Herze / dich nicht betrüb/
Wann du deine Lust auffgeben/
So hast eben
Besigt die Lieb.
Herze / Herze / dicht nicht betrüb.

Herze / Herze / hab keine Reu/
Meine Seuffzer / legt euch nider/
Steht nicht wider
Empor auffs neu.
Herze / Herze / hab keine Reu.)

Zu Arbaste.

Cleomira wird mit Temistocle ihrem Vertrauten von dar reisen / bist du nun zu friden argwohnender Arbaste?

Arb. Eine jegliche That deß Xerxes einen Helden-Glanz mit sich führet. Er handlet jederzeit / wie es einem Großmütigisten König gebühret.

Xerxes

Xerxes zu den Priestern. Auff nun ihr Priester deß strahlenden Tages-Gott / zündet an die wohlriechende Threnen der außerlesenisten Bäume / vnd bereitet mit gutem Glück den jungen Wald-Ochsen zum Schlacht-Opffer.

2. Priester. Nun brinnet der rauche/
Das Opffer ligt schon.
Und wir seyn bereitet
Nach altem Gebrauche
Zu opffern der Sonn.
Nun brinnet der rauche/
Das Opffer ligt schon.

Hier siehet man / wie die Priester zu dem Schlacht-Opffer eines jungen Wald-Ochsen zurichten.

Lezter Eintrit.

Artamida / Osmondo / Temistocles / Belira / Cleomira / Atima / Xerxes / Arbaste / zwey Priester.

Indeme Xerxes vnnd Arbaste den Priestern zusehen / kommet Artamida vnd singet für sich selbst.

Art. D' Hoffnung ist entflogen/
Nun ohn ihr ich bin/
Sie hat mich betrogen /
Wissend / daß sie's hin.
D' Hoffnung ist entflogen/
Nun ohn ihr ich bin.

 Hat

Hat mir vorgelogen/
Fuhr mir durch den Sinn.
Anfangs wars mir gwogen/
Bald wars wider hin.
D' Hoffnung ist entflogen/
Nun ohn ihr ich bin.

Osm. Sage wie du dich in den Tempel der himmlischen Gottheiten wagest / die du meine Höll in deinen Augen herum tragest?

Art. Schweige Osmondo. Villeicht bin ich nun mehrer dein / als jemahlen.

Osm. Wie diß?

Art. Villeicht erlangest du / was du verlangest / lasse nur die Hoffnung nicht fallen.

Hier komt Temistocles mit seinem Diener.

Bel. So kanst du Cleomiren nicht zur Gemahl nehmen?

Tem. Es ist in meinem Hertzen was anders begraben.

Bel. Nicht? So will ich sie haben.

Tem. (Siehe vns nun/ O Hertz/ an der Prob der Tapfferkeit zu Errreichung eines vnsterblichen Nahmen.)

Xer. Temistocles/ damit der Tages GOtt mit vnsern Waffen vereinbahret seye / ist das Schlacht-Opffer bereitet.

Tem. Auch ich bin bereit.

Xer. Du wirst ja mein Kriegsheer wider Griechenland gerne anführen?

Tem. Diß wirst du bald sehen. Ich wolte aber nicht/ daß du so dann Schluß endern/vnd ohne meiner Griechenland bestreiten soltest.

Xer. Dises werde ich nicht thun.

Tem. Gelobest du solches bey den vnsterblichen Göttern?

Xer. Ich schwere es / vnd so fern ich darwider handle / so seye Febus mein Feind.

Tem. Fort dann zu den Opffer. Nun bin ich vergnüget/ (also hoffe ich meinen Vorsatz zu erreichen.)

Hier kommet Cleomira.

Cle. (Ich bin nur zum Leyden gebohren / ich weiß nicht/ was es seye/ nun wäre zu meiner Vergnügung die Zeit/ indessen ist mein Hertz gantz voller Trawrigkeit.)
Xer. Sihe deine Gespons/ Temistocles/ wend dich zu jhr.
Tem. Nun ist Zeit die Gottheiten anzubetten. (Ach mir!)

Indessen wird das Fewer angezündet: die Rauchwerck auffgelegt/ vnd das Schlacht-Opffer zum Altar geführt seyn worden.

2. Priest. Hilff nun vnsrer Krieges-Schaare/
Mach/ daß sie die Feinde schlage/
Durch den Krantz/ der deine Haare
Krönt mit Gold/ O GOtt deß Tage!

Xer. Arb. Cle. Osm. Art. Hilff nun vnsrer Krieges-Schaare/
Mach/ daß sie die Feinde schlage/
Durch den Crantz/ der deine Haare
Krönt mit Gold/ O Gott deß Tage!

Der Priester eröffnet den Ochsen / vnd Temistocles fanget das Blut in einer guldenen Schallen auff.

Priest. Siehe/ ich entädere das Schlacht-Opffer.
Tem. Vnd ich fasse das Blut in eine guldene Schallen. (Nun O Beständigkeit meines Hertzens nicht sincke.) Siehe Xerxes / ich trincke.

Trincket das Blut/ Xerxes vnd die andere wollen jhn abhalten.

Xer. Was thuest du?

Arb. Halte ein.

Osm. Was soll diß seyn?

Priest. Das Blut der Wolt-Ochsen ist Gifft.

Bel. / Art. Was hast du gethan?

Cle. Ach mir!

Art. Ich entseele!

Xer. Also stellest du dir deinen Lebens-Lauff selbsten gewaltthättig ein?

Bel. Ach träncke er darfür ein gute Schallen Wein.

Tem. Xerxes/ ich wird sterben. Du hast geschworen Grichenland ohne mir nicht zu bestreiten; Also kanst du solches nicht mehr thun/ also hab ich Athen von deinem Zorn befreyet.

Xer. Du vergibest dir selbsten vmb deines vndanckbahren Vatterlands willen/ welches dich vnbillicher Weise in das Elend verbannet? Erlösest dasselbe von Vnsern Zoren?

Tem. Wie vndanckbahr auch das Vatterland seye/ so hat es vns dannoch gebohren.

Arb. O vnüberwindlicher!

Osm. O Tapfferer Geist!

Xer. Wohlwürdig/ daß jhm die nachkünfftige Zeiten ein jegliche getrewe Seel nachfolge.

Arb. Ein jegliches Edelmütiges Hertz nichts nachgebe.

Cle. So fallet es dir auch nicht schwär/ O Geliebter/ meine Lieb zu verlassen?

Tem. König. Ich fihle schon die Flamme mein Geäder durchdringen/ es ist an dem/ daß ich sterbe. Ach vermähle dich mit Cleomira / du liebest sie doch / vnd sie verdienet es auch. Dises bitte ich sterbender mir zur Gnad auß; sie seye/ sie seye dein Braut. Gib mir den letzten Trost/ auff den mein Seele baut.

Arb. (Er bezwingt mich zum Weinen.)

Tem.

Temistocles sincket zu den Füssen deß Königs.

Cle. Ach dises dein allzugütiges Verlangen vor mich machet mir desto grössere Schmertzen.

Temistocles nimt Xerxen bey der Hand/ vnd deutet / daß er Cleomiren zu sich beruffen solle.

Tem. Ach mir! wenig Athem habe ich noch zu erhohlen/ wann du noch länger verweilest/ so beraubest du meine Seel diser Vergnügung/ vnd vergonnest jhr nicht/ daß sie sich vor dem Todt dises Trosts noch erfrewe. Ach doch dise Gnad deinem sterbenden Diener verleihe.

Xerxes reichet der Cleomira die Hand.

Xer. Sihe/ Temistocles; willig vnd gerne willfahre ich dir vor deinem Hinscheyden.

Tem. Nun stirb ich mit Frewden.

Stirbt/ vnd wird todter hinweg getragen.

Arb. O tapfferes Hertz!

Ati. O edele Seele!

Xer. Man erhebe jhm kostbahre Krufft-Gebäw.

Osm. Würdig / daß die Welt seine Gedächtnuß niemahls versehre.

Ati. O Zierd der Bständigkeit / O Zierd der Ruhm vnd Ehre?

Arb. Nun kan ich meine vnbillich wider jhn geschöpffte Argwohn billich verfluchen.

Bel. Ich gehe mir einen andern Herrn zu suchen.

Osm. O wohl ein seltzames Mittel einer so begliften Vermählung!

Art. So etwann auch für dich nicht gar leer außgeschlagen.

Osm. So wilt du noch/ daß ich durch dich glikseelig sey?

Art. Weil du mich stäts geliebt / verdient es deine Trew.

Geben einander die Händ.

Xer. Cle. Osm. Art. Also rhumhafft ware deß vnüberwindlichen Temostecles Hinscheiden. Daß man bey seinem Todt hab Vrsach zu den Freuden.

Priest. Er stirbt nicht / sondern lebet mit vnsterblicher Ehre vmbgeben.

Alle. Der für das Vatterland stirbt / hat das ewig Leben.

Anführung Eines Danzes Der beglickten Seelen. Zur Beurlaubung.

Die Elisische Felder.

Lieb deß Vatterlands / die Glickseeligkeit / die Seel deß Temistocles.

Rey der beglickten Seelen.

Lieb deß Vat. Zu den Freuden / zu den Freuden!
Glick. Felder der beglickten Seelen.
Heute solt ihr mehr erhelen
Beede. Mit mehr Glanze euch bekleiden.
Zu den Freuden / zu den Freuden!

Lieb deß Vat. Umbgestrallt mit grössern Glanze
Sey heut euer Lorbeer-Kranze.
Beede. Ihr Geister ohne Leyden!
Zu den Freuden / zu den Freuden!

Lieb deß Vat. Ich beziere dise Gegend mit jenen beglickten Seelen / welche den Geist für das Vatterland aufgegeben. Andere führen jene Seelen hieher / welche der Kriegs-Gott entädert / andere führen solche / welche durch die Waffen der Unmündigen Gottheit gefallen. Die aber ich anführ / die schönste seyn auß allen.

Beede Gar wahr / gar wahr / ja ja.
Daß / der fürs liebe Vatterland
Sich selbsten willig gab/
Allhier mehr Freuden hab /
Als alle andre da.
Gar wahr / gar wahr / ja ja.

Hier eröffnet sich eine Ferne / in welcher auch die Seel deß Temistocles gesehen wird.

Lieb deß Vat. Und siehe die großmütige Seele / welche anheut für mich anhero gelanget. Dise ist deß grossen Temistocles/welcher ehender das Leben verliehren/ als wider Athen sein Vatterland den Krieg wolte führen.

Rey der Seelen. O würdiger Helde
In vnseren Reyen
Sich ewig zu freyen!
Seel deß Tem. Bin frölich/ bin begliket/
Nur Frewden in mir seyn/
Was Strahlen/ was ein Schein
Glanzt da von Gold vmbher?
Alle 3. O schöne Lieb deß Vatterland/

Wohl-

Wohlwürdig aller Ehr!

Seel deß Tem. Ich bin durchauß erquickt.
Der für das Vatterland
Dem Todt sich gab zum Pfand/
Was Frewd geniesst nicht der?

Alle 3. O schöne Lieb deß Vatterland/
Wohlwürdig aller Ehr!

Lieb deß Vatterl. Es wird die Zeit kommen vnter der beglikten Regierung deß Großmächtigsten LEOPOLD/ daß die Liebe deß Vatterlands/ vnd jenes grossen Herrn obsigen/ vnd einem jeden lieb seyn wird vor disem grossen Monarchen zu lassen das Leben.

Rye der Sel. Die Götter wollen dise beglikte Zeiten bald geben!

Glik. Bey so einer glikseeligen Hoffnung kan man wohl allhier desto mehrer frolocken.

Alle 3. Alles sey zur Frewd bescheiden/
Zu den Frewden/ zu den Frewden!
Zu den Frewden/ zu den Frewden!

Folget der Danz der beglickten Seelen.